DE LUSSET-ABRIL.

LIBERTÉ, ÉGALITÉ,

FRATERNITÉ

DES

PEUPLES

MARSEILLE

IMPRIMERIE DE JOSEPH CLAPPIER

RUE SAINT-FERRÉOL, 27.

1863.

LIBERTÉ, ÉGALITÉ, FRATERNITÉ

DES PEUPLES.

C'est une discussion douleureuse à suivre que celle à laquelle nous venons d'assister. Il est fâcheux que nos écrivains, si distingués d'ailleurs, n'aient rien trouvé de mieux, dans ces derniers temps, qu'une polémique irritante et pleine de personnalité.

Il aurait été plus utile qu'ils cherchent à nous expliquer de quelle façon leurs candidats tiendront ces belles promesses dont fourmille chaque profession de foi, et à résoudre ces grandes questions du jour ; — Réformes de la loi du Recrutement, — Diminution des Impôts, — Sécurité pour le Commerce et travail assuré pour l'Ouvrier.

Mais il faut le reconnaître, si quelquefois la Presse française se laisse aller à des moments d'exaltation, son attitude habituelle est calme et digne ; les services qu'elle a rendu sont incalculables et c'est à elle que sont dûs tous les progrès de la civilisation et de la liberté. En entreprenant une tâche, si au-dessus de mes forces, que de traiter de pareilles questions, je compte beaucoup y trouver des alliés, parce que je sais qu'à tous projets utiles elle fait bon accueil.

Si je ne m'adressais qu'aux hommes spéciaux à qui tous les événements politiques sont familiers, ma tâche serait bien facile. J'arriverais directement au but :

Mais comme je m'adresse aussi et surtout à la classe laborieuse à la laquelle j'appartiens par ma position sociale et par mes sympathies, on m'excusera de consacrer quelques lignes a établir pour elle la situation présente, dont ses trop rares loisirs, ne lui permettent pas de se faire une idée bien nette

Jettons pour cela un rapide coup-d'œil sur le passé et voyons quels ont été les résultats de ces grands bouleversements qui se sont succédés avec tant de rapidité depuis un peu plus d'un demi-siècle.

La révolution de 1793 est pour moi le début de notre histoire. C'est de cette époque que datent les premiers germes de nos libertés civiles. Auparavant chaque citoyen avait le droit de servir sa patrie et de mourir pour elle : mais c'était tout ; a bien peu étaient exclusivement réservés les privilèges et les honneurs. La Providence avait créé tous les hommes égaux et quelques-uns d'entre eux, souvent les moins aptes, presque toujours les plus corrompus, avaient retranché de cette existence un de ses éléments les plus précieux: la Liberté! Ils s'étaient réservé pour eux seuls cette vie civile, au moins aussi précieuse que la vie matérielle.

Mais le peuple, après son terrible réveil, sut bien lui prouver que cette classe, naguère déshéritée, avait elle aussi, le droit de vivre, car presque tous les hommes de génie, tous les héros qu'enfanta l'Empire, sortirent de son sein.

Cette révolution était une nécessité. La classe privilégiée ne possédait même plus ces vertus guerrières, origine de ses privilèges, et bien moins encore l'amour de la patrie, dont le peuple devait lui donner un si éclatant exemple. Si la lutte fut longue et terrible, c'est que le parti vaincu passa à l'étranger dont il sollicita lâchement l'appui et qu'il lança de tous les côtés à la fois sur cette France encore mal organisée, la lui montrant comme une proie facile.

Mais ce n'était pas pour les laisser effacer par l'étranger que les Français avaient gravé sur le fronton de tous leurs édifices, et partout où ils avaient trouvé de la place, ces trois mots magiques, pour lesquels ils avaient versé tant de sang. Cette liberté qu'ils venaient de conquérir, ils sûrent la défendre et les instigateurs odieux de cette invasion en furent pour leur honte.

Certes, c'est une époque glorieuse au souvenir de laquelle tout Français sent battre son cœur, et, si partisan qu'il soit de la paix, il ne voudrait à aucun prix retrancher la moindre page de cette grande épopée. C'est là du moins l'impression que l'on éprouve, au récit de ces hauts faits que nous apercevons déjà dans le lointain. Mais ceux qui ont traversé ces terribles épreuves, qui, jeunes et vigoureux, ont quitté le toit paternel, où bien peu sont rentrés glorieux, il est vrai, mais glorieux débris pour y trouver la misère et la mort, ceux-là ont bien pu penser différemment.

Passons sous silence les quelques jours pendant lesquels on vit errer, sans asile et sans pain, tristes et humiliés, ces hommes naguère si énergiques et si glorieux. Jettons un voile sur ce trait d'union entre l'Empire et la Restauration, entre la Guerre et la Paix.

La Constitution de 93, prix de tant d'efforts et de tant de luttes, survécut au naufrage de 1815, et ceux qu'on appelait les légitimes possesseurs du trône, comme si un trône était une propriété privée, n'osèrent la déchirer ; mais ce ne fut pas sans envie. Enfin, las de leur mauvaise foi, le peuple en 1830, leur dit et pour toujours son dernier mot.

Nous arrivons à cette époque où notre histoire prend

une nouvelle physionomie, où la France, après avoir étonné le monde par son héroisme va l'étonner par sa mensuétude. Nous avons devant nous une paix de dix-huit années, pendant laquelle le canon ne s'est fait entendre que dans les fêtes nationales et sur les rivages de l'Afrique.

La politique, si prudente du nouveau gouvernement lui attira d'abord quelque sympathie. Le besoin de paix et de réformes se faisait également sentir. Mais bien qu'il eut une répugnance invincible pour la guerre et qu'il connut des secrets pour l'éloigner au besoin, il ne se pressa en aucune façon de réduire le chiffre considérable de l'armée, et comme l'a dit un écrivain de nos jours : « On vit ces magnifiques régiments composés de l'élite de la nation, promener de ville en ville leur ennui et leur inutilité ». Nous en avons presque tous fait partie, nous pouvons apprécier la vérité de ces paroles.

Je ne cherche pas ici, personne ne le suppose j'espère, à déprécier notre noble armée. Chacun de nous connaît l'esprit qui l'anime, d'ailleurs ses preuves sont faites.

Mais je dis que la plupart de nos jeunes soldats ont été arrachés à leur famille au moment où pour la première fois la vocation se révèle, où l'enfant se fait homme. Je dis que son éducation, qu'il vient de terminer, que son apprentissage, terrible épreuve que lui et sa famille viennent de subir, que tout cela, en un mot, est temps et argent perdu.

En effet, après 7 ans passés dans l'oisiveté des casernes, de tout ce qu'il avait appris il ne lui restera plus rien, et celui qui, épargné par la conscription, serait devenu à 26 ans un ouvrier remarquable, sera à son retour encore un apprenti, et comme à cet âge on n'a plus la souplesse et la mémoire de la première jeunesse, il ne deviendra jamais qu'un ouvrier médiocre, son avenir est brisé.

C'est en vain que ses parents se sont imposés des sacrifices, qui bien souvent compromettent l'aisance de leurs vieux jours, il les verra peut-être dans la misère, mais il faudra qu'il les abandonne pour servir sa patrie.

Donc cet état de choses entrave l'industrie en ce qu'elle la prive des bras les plus robustes et les plus propres à la faire progresser. Il attente à la propriété individuelle en ce qu'il arrache à l'artisan, l'enfant son unique propriété, sur laquelle il a placé sa sueur, propriété bien autrement sacrée que celle qu'on acquiert avec de l'or.

Les classes plus favorisées de la fortune souffrent aussi de cette organisation; il est vrai qu'au moyen de quelques sacrifices pécuniaires, elles ont toujours pu se soustraire à la loi du recrutement ; mais elles ne sauraient échapper à ses conséquences qui se traduisent en impôt si multipliés et si divers, qu'il serait très-difficile d'en faire le compte exact. Le propriétaire y a bien opposé l'augmentation de ses loyers et de ses fermages, le négociant le prix de ses denrées , essayant ainsi de faire porter ce lourd fardeau au peuple seul, triste moyen pour maintenir la tranquillité dont ils sont si désireux.

Ainsi cette armée dont la seule portion active se trouvait en Afrique était trop nombreuse et occasionnait des dépenses considérables. Le gouvernement l'entretenait plutôt pour sa sûreté personnelle que dans la prévision d'une guerre qu'il savait rendre impossible. Il eût mieux fait sans doute de s'appuyer sur la confiance publique en tenant ses promesses de réforme que sur un pareil déploiement de forces. Les journées de février le lui prouvèrent bientôt; car, lorsque l'insurrection arriva, ses soldats reconnurent leurs frères et leurs amis et leur tendirent bravement la main.

Le gouvernement déchu laissa peu de regrets et dut emporter bien des remords ; car, s'il n'avait pas commis de grands excès, il avait fait peu de choses utiles au peuple.

Et si pendant sa durée, les nécessités de la vie ne se payèrent pas ce prix exorbitant qui amène le murmure, ce n'est pas lui seul qu'il faut en remercier, mais aussi la Providence qui répandit presque chaque année sur notre sol une fécondité exceptionnelle.

La France fit alors pour la deuxième fois l'essai de la République, et, chose remarquable pour la deuxième fois, la République amena l'Empire.

Nous venons de traverser une période de 60 années pendant laquelle nous avons vu la France essayer de toutes les formes de gouvernement, comme un malade essaye de toutes les positions pour en trouver une moins douleureuse. Nous l'avons vue tantôt en guerre avec l'Europe entière et presque toujours victorieuse, tantôt jouissant d'une paix profonde. Mais, pendant la paix comme pendant la guerre, toujours le peuple a souffert.

Cependant, comme nous l'avons dit, la révolution de 93 lui avait fait faire un premier pas vers la liberté et l'Empereur Napoléon Ier avait confirmé cet événement par cet article du Code : « Tous les Français sont égaux devant la loi ». Mais cet article était loin d'avoir produit les résultats qu'on aurait pu en attendre.

Tous les citoyens étaient, il est vrai, jugés par les mêmes tribunaux, ils étaient soumis aux mêmes obligations et devenaient aptes à remplir toutes sortes de charges. Toutefois, lorsqu'il s'agissait d'exercer le plus important des droits d'un homme libre, celui de nommer le mandataire qui doit défendre ses intérêts et porter au pied du trône la liste de ses besoins, les choses changeaient de face. Il fallait pour être électeur payer un chiffre d'impôt représentant une fortune considérable, et, pour être éligible, les conditions étaient telles qu'elles laissaient en présence bien peu de concurrents. Donc en matière politique on n'avait fait que substituer l'aristocratie de l'argent à l'aristocratie de la naissance.

La révolution de 48 continua l'œuvre commencée, et l'Empereur Napoléon III acheva la pensée de Napoléon Ier, en décidant que tout Français, âgé de 21 ans et jouissant de ses droits civils, serait à la fois électeur et éligible.

Eh bien, maintenant que nous avons obtenu la plus grande masse de liberté que nous puissions espérer, que ce mot égalité ne représente plus une fiction, mais un fait indiscutable, maintenant que la France a porté aux dernières limites du monde sa gloire et son influence, en sommes-nous plus heureux ? Que chacun se pose cette question ?

Et comme il est malheureusement trop sur que chacun se fera la même réponse négative : c'est donc qu'il nous manque encore quelque chose.

Mais dans le passé nous n'avons pas fait fausse route; nous avons lentement aplani les voies de l'avenir, et aujourd'hui nous n'avons qu'un pas à faire pour recueillir enfin le prix de nos souffrances et atteindre notre but : diminution des impôts sans diminuer nos ressources, — réforme de la loi de recrutement sans attenter à notre puissance et à notre sécurité, — prospérité pour l'agriculture et l'industrie, répendant partout l'abondance et le travail ; — sécurité pour le commerce ramenant à des prix plus modérés les objets qui nous sont nécessaires.

Cette innovation aura cela d'avantageux que nous ne seront pas les seuls a profiter de ses bienfaits, qu'elle répandra également sur tous les peuples.

Avant de développer cette idée, essayons de regarder autour de nous.

Personne n'ignore les angoisses de nos voisins d'Outre-Manche, au moindre souffle de guerre ; on connaît leur répugnance à se mêler activement à ces questions avantureuses qui trop souvent viennent agiter la surface de l'Europe, on sait ce que leur à coûté de travail et d'argent cette ceinture de forteresses et de navires dont ils se sont entourés pour opposer une barrière infranchissable à la jalousie, à l'ambition ou aux représailles des autres nations. On ne peut donc attendre de ce côté aucune résistance à un projet qui viendrait leur offrir une barrière encore plus sûre que leurs citadelles et leurs flottes réunies, et qui aurait sur elles l'avantage de ne leur rien coûter.

Ils comprendraient bien vite tout le parti que leur singulier esprit commercial saurait retirer d'une ère indéfinie de paix et de tranquillité.

Nos voisins de l'Est, plus ou moins rapprochés, ne sauraient lui faire un mauvais accueil, car ils y trouveraient infailliblement la solution de ce problème si délicat et si compliqué qui a donné tant de soucis à toutes les cours de l'Europe et qui les intéresse plus particulièrement, sans compter bien d'autres avantages que nous n'avons pas besoin de leur montrer.

La Russie n'a-t-elle pas aussi besoin de la paix, ne lui faut-il pas la tranquillité pour que son souverain, dont on vante les idées libérales, puisse donner suite à ses projets de réforme, et consolider leurs libertés naissantes ? Ne lui serait-il pas plus avantageux de peupler et de défricher ses immenses déserts que de soutenir des guerres dont jusqu'à ce jour elle a retiré plus de lassitude que de profit ?

Quant aux puissances de second ordre, que leurs forces militaires ne sauraient défendre contre la cupidité de leurs voisins, et qui trop souvent, sont obligées d'avoir recours à des protections onéreuses, ne serait-il pas juste de garantir une bonne fois leur indépendance et de les affranchir, pour toujours, de cet impôt que la faiblesse paye à la force.

Je me suis borné à analyser quelques faits généraux, pour rester fidèle au cadre que je m'étais tracé. Il est certain cependant que les raisons ne m'eussent pas manqué pour prouver que chaque peuple en particulier souffre au moins les mêmes maux que la France et a un égal besoin d'un remède efficace. Mais j'ai hâte de terminer cet exposé.

L'art de la guerre a fait des progrès immenses; c'est vers lui que se portent toutes les intelligences d'élite, aussi ses inventions tiennent-elles du prodige. On dirait que l'homme de génie, prévoyant qu'un jour la terre pourra devenir trop étroite pour contenir ses habitants, cherche à contrebalancer la trop grande multiplication de notre espèce. Ce jour, selon moi, est encore loin de nous; car nous sommes entourés de nombreux et vastes déserts. D'ailleurs, la Providence, avec ses terribles fléaux, pourrait bien faire face à cette éventualité.

Cette réflexion n'est pas mienne, c'est une rumeur qui circule parfois dans certaines classes de la société qui cherchent à expliquer à leur façon l'utilité d'une bataille; ce n'est, sans doute, pas aux diplomates qu'il naîtrait une pareille idée, ils savent toujours, ceux-là, le motif de la lutte et peuvent nous en démontrer la nécessité; mais le peuple qui en fait à lui seul presque tous les frais se bat souvent sans trop savoir pourquoi.

Que l'on suive la marche ordinaire de ces luttes, on verra qu'elles ont souvent une origine bien futile : la jalousie, une vieille rancune, un amour-propre froissé, ou l'ambition d'un seul homme. On fait sonner bien haut les mots d'honneur et de patrie, puis après avoir doré d'une façon plus ou moins heureuse, le motif réel dont nous venons de parler, on lance les deux armées l'une contre l'autre, et chacune laisse après elle une longue trace de ruines et de dévastations. Enfin, on en vient aux mains et l'épuisement complet de l'un ou de l'autre adversaire, arrête seul cette lutte fratricide.

Pendant ce temps les nations voisines garnissent leurs frontières de troupes pour faire respecter leur neutralité et puis demeurent tranquilles spectatrices de ces terribles duels, dont elles ne manquent jamais de ressentir les contre-coups. On y lit avidement les récits de sanglantes batailles où les imaginations blasées rencontrent des épisodes assez émouvants pour leur procurer quelques distractions.

Enfin, lorsque le sort des combats s'est entièrement prononcé et que le peuple vaincu est à bout de ressources, la diplomatie commence son œuvre et finit par enfanter une paix qui mécontente le vainqueur, parce qu'il n'y trouve pas des avantages proportionnés aux efforts qu'il a faits et aux pertes qu'il a subies; le vaincu, parce qu'il est tellement épuisé que le moindre sacrifice lui devient onéreux. Alors chacun chez soi décrète une fête en l'honneur de ces milliers de pauvres victimes de la folie humaine, et l'on déclare avec enthousiasme qu'elles ont bien mérité de la patrie !

Eh bien ! puisque le sabre seul ne peut résoudre une question, jettons de côté cet instrument inutile et plaçons dans nos musées les débris mutilés de nos drapeaux pour redire aux générations futures les misères et la folie des temps passés.

Je vois d'ici nos vieux troupiers frémir de colère, et les gens paisibles se demander avec inquiétude, qui garantirait alors leur honneur et leur propriété.

Que les premiers se tranquillisent, je ne prétends pas qu'on puisse se passer absolument de l'armée, je ne cherche que les moyens de la réduire et il y restera toujours assez de place pour ceux qui sont si envieux d'en faire partie.

Quant aux seconds, qu'ils continuent à lire. J'espère leur prouver qu'ils n'ont rien à redouter de mon système et que loin d'affaiblir l'armée, cette réduction la rendra encore plus nombreuse et plus redoutable, qu'il n'y aura qu'une différence, c'est qu'ils ne seront obligés d'en entretenir qu'une partie.

Supposons un instant que le cours de la justice soit arrêté, que les tribunaux suspendent leurs fonctions et que chacun demeure son propre juge, la société toute entière serait refoulée tout-à-coup vers les siècles les plus reculés de la barbarie, ce serait le signal d'une désorganisation universelle; car la justice est le lien indispensable de la société. Supprimer les tribunaux serait ramener le règne de la force brutale qu'il a fallu tant de siècles pour détrôner.

La justice, c'est le moyen long-temps cherché et aujourd'hui amené enfin à un certain dégré de perfection de régler toutes les querelles, de punir la mauvaise foi, de garantir l'honneur et la propriété. Les résultats déjà obtenus font espérer, qu'avec la volonté, on viendra à bout des réformes qu'il reste à y faire.

Ainsi donc pour arriver au même but, avec cette différence que dans le premier cas des peuples entiers sont partie, et que dans le second, se sont des individus pris isolément, on a employé deux moyens essentiellement antipathiques. Le premier a mal rempli sa mission et a amené des résultats contraires, ne serait-il pas logique de la confier au second ?

Il ne faut pas s'exagérer les difficultés que l'on pourrait rencontrer. Je crois avoir démontré que la résistance ne saurait venir du dehors, et une fois le projet adopté, rien ne sera plus facile que d'arriver à l'exécution.

Pour créer un tribunal destiné a régler les différents des peuples, n'a-t-on pas sous la main une multitude d'intelligences d'élite, dont chaque peuple a bien sa part, et en prenant pour base le chiffre de la population de chaque état, ne pourrait-on pas fixer le contingent des juges qu'il serait appelé à fournir à cet auguste tribunal?

Mais, dira-t-on, cette assemblée ne sera en définitive qu'un congrès. Non certes, elle ne lui ressemblera pas le moins du monde, je l'espère ! Un congrès se réunit soit avant, soit après une guerre, pour discuter les bases d'un traité, et ici, j'en appelle aux hommes éminents qui en ont fait partie, et qui ont été témoins de ses lenteurs et de son impuissance, ceux qui assistent à un congrès se séparent presque toujours sans avoir pu s'entendre, et chacun de ses membres rentre dans la vie privée ; c'est là un de ses plus grands inconvénients ; car, si quelquefois il parvient à créer un pacte raisonnable, sa durée éphémère ne lui permet pas d'en surveiller l'exécution et la mauvaise foi, en torturant quelques phrases demeurées obscures, trouve toujours moyen de se soustraire à des obligations légitimes, mais incommodes, tandis que l'assemblée que je propose doit toujours rendre une décision sans appel qu'elle aura toujours le moyen de faire respecter.

Ce jugement rendu par la majorité de ses membres,

c'est-à-dire, par la majorité des peuples dont ceux-ci seraient les mandataires, pourrait bien, comme tout jugement rendu par nos tribunaux ordinaires, mécontenter une des parties; mais si puissante qu'elle fut, ne lui faudrait-il pas se soumettre, puisque seule, elle ne pourrait résister aux forces réunies de cette immense confédération, et que, de plus, elle n'oserait courir le risque de se voir séparée du reste de la société, de voir ses produits prohibés et de subir cette terrible punition d'un blocus général ?

Donc la force d'un état ne consisterait plus, comme aujourd'hui, dans le nombre de troupes ou de vaisseaux dont elle pourrait disposer. L'existence du plus faible serait garantie à l'égal de celle du plus fort, et chaque peuple, devenu le citoyen de cette nouvelle confédération, aurait obtenu cette égalité que nous avons si long-temps poursuivie. Ce n'est plus sur les monuments français qu'ont verrait écrits ces trois mots, dont nous avons parlé au début de notre œuvre, mais on pourrait les lire en lettres gigantesques d'un pôle à l'autre. On comprendra maintenant qu'une armée bien réduite pourrait suffire aux éventualités de l'intérieur et de l'extérieur ; qu'on aurait enfin trouvé le moyen, tout en diminuant les impôts, de consacrer à des travaux utiles des sommes bien plus considérables que celle qu'on y emploie et d'assurer ainsi le travail ; qu'on pourrait rendre à l'agriculture et à l'industrie, ces bras qu'on leur a dérobés, et au commerce une sécurité qui lui donnerait une nouvelle vie.

Et cette organisation, loin d'ébranler les gouvernements, ne ferait que les consolider. Il ne serait plus question au sein de l'abondance et de la paix de ces divers partis qui forment pour ainsi dire plusieurs nations d'une même nation ; on ne verrait plus de ces émeutes dont les divers drapeaux ont abrité tant de crimes, et s'il se trouvait encore quelque agitateur qui songea à troubler cette quiétude universelle, le peuple en aurait bientôt fait justice.

Certes, si l'initiative d'une telle proposition appartient à quelqu'un, c'est à la France et à son Empereur! la France glorieuse est respectée; la France! cette nation si puissante élevant jusqu'à elle toutes les nations du globe, ne saurait rencontrer de résistance! Qui oserait la taxer d'égoïsme ou de timidité?

Et l'Empereur! ce chef intrépide, à qui revient une si grande part de cette gloire, et qui a si solidement établies notre influence et notre autorité, n'est-il pas désigné par la Providence pour être le régénérateur du monde? n'est-ce pas à lui à prouver à son auguste ennemi que la France n'est pas une immense caserne; mais un vaste atelier!

Voilà mon projet expliqué. Je sais que cet ouvrage n'est qu'une ébauche incorrecte; mais je ne suis pas écrivain, je suis simple employé d'une administration et un de ses plus humbles ouvriers, et c'est en quelques heures dérobées à un pénible labeur que j'ai écrit ma pensée, qu'un autre se mette donc à l'œuvre.

DE LUSSET-ABRIL.

Marseille, le 18 juillet 1865.

Marseille. — Imp. civ. et milit. de Jh Clappier, rue Saint-Ferréol, 27.